유관순

이청리 제38집

살랑살랑 봄바람
유관순 그 처자
물항아리에 꽃잎 띄어 놓았다네
고향 돌담길에서 치맛자락을 놓치 않았다네

- [유관순 꽃잎] -

고향집 감나무 아래에서 만났다
그 뒤 그 별도 유관순을 떠난 적이 없었다
나라를 잃은 것에 한숨 쉴 때
별은 그 곁에서 긴 한숨을 쉬곤 했다
독립이란 말도 별이 맨 처음
가르쳐 주었는지 모른다

- [별] 중에서 -

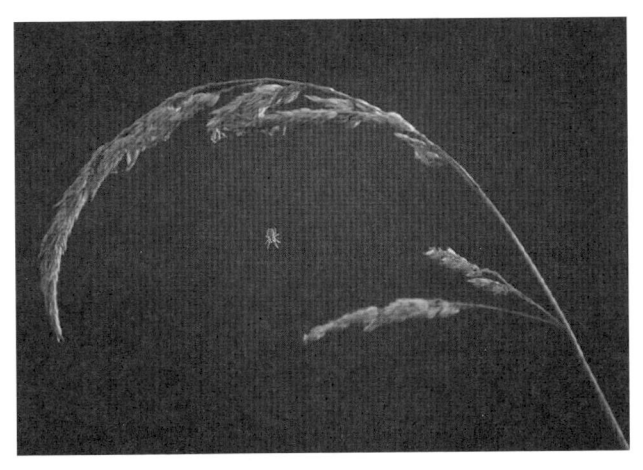

대한독립만세 부르짖을 때
절규로 응어리진 가슴이 열렸네
이 하늘을 어찌 다 가둬 두려고 저러는지
모르겠네 가둘 것을 가둬야지
이 하늘을 가두는 것을 본 적이 있나요

- [하늘을 가두는 것] 중에서 -

아우내 장터 사람들은
울퉁 불퉁 굴곡진 모과였네
계절의 쓴 맛을 다 삼켜 단맛을 내는
과육은 눈보라 속에 진한 향기를 발했네

- [아우내 장터 사람들] 중에서 -

대한독립만세 부르자
막혔던 가슴이 펑 뚫린 하늘이 되었네
이 하늘을 어찌 가두려 발광을 하는지
정녕 다 가둘 수 있다고 보세요
저들의 셈법은 두들겨 잠잠케 하려고 하나

- [형무소 만들겠대] 중에서 -

내 몸이 대한독립만세 태극기라고
저렇게 달이 허공에 나부끼고 있네
석류 나무도 거기 서서 거들고 있네

- [뒤안길로 달려가면] 중에서 -

고문의 한 가운데 들어가 누으니
무릉도원이 심심산골에 있는 것이 아니라
바로 이곳이었구나
저들은 나를 포박해서 놓은 것이
고통을 주고자 함이었으나
나는 한가롭게 누워 천수를 즐기고 있으니

- [누가 굴복하고 있는개 중에서 -

풍설한야의 천안은 두메였더라
첩첩 산길로 접어든
병천면 용두리에서 호롱불이
한지의 번짐 속에서 가뭇거릴 때

- [순국] 중에서 -

소리 내어 울 수 없는 울음의 성찬으로
한 상을 차린다 그 분과 나란히 앉아
겸상을 하고 있을 때 내가 진 짐은 짐도 아니다
수고치고는 하잖은 것에 지나지 않는다
그 분은 이런 나를 손 내밀어 잡아 준다

- [내 몸은 훨훨 나는 학이다] 중에서 -

독립만세의 꿈을 담을 잔이라면
더 바랄 것이 뭐가 있겠어요
이 몸이 죽어 누군가가 산다면
아우내 장터 저녁 노을을 이불로 덮고
떠나는 이 앞에서
더 바랄 것이 뭐가 있겠어요

- [진盞] 중에서 -

차 례

제1부

1. 유관순의 꽃잎 / 19
2. 내 영혼의 수첩 / 20
3. 젖은 우산에 / 21
4. 산하 / 22
5. 뒤안길로 달려가면 / 23
6. 어린 댓잎 / 24
7. 순국 / 25
8. 아! 그 날! / 26
9. 옥고 / 27
10. 역사의 페이지 / 28

제2부

11. 대한독립만세 / 31
12. 토란잎새 / 32
13. 조국의 굄돌 / 33
14. 하늘을 가두는 것 / 34
15. 소금 자루 / 35
16. 별 / 36

17. 비 / 37
18. 유관순 이 하얀 빙벽 / 38
19. 청죽靑竹 / 39
20. 독립만세의 깃발 / 40

제3부

21. 아우내 장터 / 43
22. 들개 떼들 / 44
23. 천둥소리 / 45
24. 찬란한 부자 / 46
25. 빛기둥 / 47
26. 잔盞 / 48
27. 천 개의 눈을 갖고부터 / 49
28. 나비 / 50
29. 봉선화 / 51
30. 목숨 / 52

제4부

31. 함성 / 55
32. 유관순의 봄 / 56
33. 나라의 큰 짐 / 57
34. 창고인 이 집 / 58

35. 연꽃 한 송이 피워 놓고 / 59
36. 대한독립만세 이 말을 / 60
37. 통채로 사랑해도 되나요 / 61
38. 문 밖에 봄을 두고 갔네 / 62
39. 이 자리가 대한독립만세로 / 63
40. 형무소 만들겠다 / 64

제5부

41. 독종 / 67
42. 아우내 장터 사람들 / 68
43. 어머니 / 69
44. 나의 아버지 / 70
45. 태극기 / 71
46. 잔타르크라고 부르지 말라 / 72
47. 이 땅이 울고 있을 때 / 73
48. 나라 잃은 슬픔 / 74
49. 모국어로 울었네 / 75
50. 내선일체 / 76

제6부

51. 등불 / 79
52. 고난 / 80

53. 밥 / 81
54. 별들의 글자 / 82
55. 누가 굴복하고 있는가 / 83
56. 이 노래를 멈추랴 / 84
57. 명창 / 85
58. 선물 / 86
59. 파장 / 87
60. 내 몸은 물의 몸 / 88

제7부

61. 첫 사랑 / 91
62. 고문실로 가는 길 / 92
63. 삼천리 이 강산 / 93
64. 만두 / 94
65. 하늘의 집이야 / 95
66. 티끌인 나는 내 안에 / 96
67. 천도로 끓고 있는 쇳물인가 / 97
68. 내 몸은 훨훨 나는 학이다 / 98
69. 성채 / 99
70. 이 강산이 모두 감옥이네 / 100

후기 / 101

제1부

유관순의 꽃잎
- 유관순 · 1

살랑살랑 봄바람
유관순 그 처자
물항아리에 꽃잎 띄어 놓았다네
고향 돌담길에서 치맛자락을 놓치 않았다네
서울 이화학당에 들어간 뒤 만날 길 없었다네
마을 뒷동산에 꽃잎 다 피워 놓고
기다리던 그 봄바람 아우내 장터까지 뒤따라가
태극기를 사람들 손에 꽃잎으로 피어 놓았다네
그 때 불던 봄바람
서대문 형소무소 돌담장을 넘어
생손톱 생발톱 다 뽑히는 그날을 잊지 못했다네
대한독립만세 소리를
영원히 지지 않는 꽃잎으로 들고 찾아 왔다네
살랑살랑 봄바람
유관순 그 처자 물항아리에 꽃잎 띄어 놓았던
그 때처럼
영원히 지지 않는 꽃잎으로 들고 찾아 왔다네

내 영혼의 수첩
- 유관순 · 2

그 일을 하늘이 시켜서 했으므로
나는 죽음도 두려워하지 않았네
조국이 곧 하늘이었기에
이 부름에 외면 할 수 없었네
그 뿐이었네 나의 영달! 그것은
내 영혼의 수첩 어디에도 없는 말이었네
들꽃을 꺾어도 되는 줄만 알았던 저들
감옥에 밀어 넣어도 피어나는
들꽃이었던 나
하늘이 시켜서 하는 일이었음으로
한 점 두려움 없이 나섰네

젖은 우산에
- 유관순 · 3

젖은 우산에 청춘을 맡기던 날들이
저들이 버티고 있는 이 땅에서
쓸개즙 청춘으로 살 수 밖에 없었네
울고 울어도 끝이 보이지 않는 눈 속에
지펴 오는 독립에게 기대고 설 때
가야 할 길이 보였네
그 길이 가시 덮인 길인데도 자유였네
청춘은 빗줄기 하나에
영원을 관통하지 않았던가
꿈결 같은 내 청춘은 보았기에 가야 했네
저들의 총과 칼이 향기로 밀려왔네
젖은 우산 속에서 청춘을 찾았을 때
나는 영원을 부여 잡고 가야 했네

산하
- 유관순 · 4

마음 자리를 하늘에 두고부터
두 다리를 쭉 뻗고 어디에서 잠들 수 있었네
아우내 장터 근처가 내 육신의 고향이었기에
그곳으로 머리 두르고
푹푹 빠지는 눈 덮인 벼랑 같은 날들
한 발 잘못 내디디면 추락의 날개뿐인데
이미 나는 이 날개로 날아 오르고 있었네
언젠가는 녹아 산하가 드러날 날을 보았네
모두를 폭설 속에 밀어 놓고
마음까지 얼게 할지 몰라도
언젠가는 녹아 산하가 드러날 날을 보았네

뒤안길로 달려가면
- 유관순 · 5

뒤안길로 달려가면
석류 나무가 서 있었네
그 나무 가지에 달을 매달고 있어
우리는 우물물로 헹구어 놓을 때마다
달은 우리 동무가 되어 떠나지 않았네
아! 누구도 쉽게 찾아 올 수 없는
이 깊은 골방인 감옥에 달이 찾아와
살가죽을 벗겨내는 내 몸을 헹구어 주었네
고문의 아우성이 멈춰버린 나를 찾아와
내 몸이 대한독립만세 태극기라고
저렇게 달이 허공에 나부끼고 있네
석류 나무도 거기 서서 거들고 있네

어린 댓잎
- 유관순 · 6

이 땅 골 깊은 자리까지 먹빛이 번져
한낮인데 어둡기만 하다
어린 댓잎이 청조함을 꺼내어 어둠을 밀어낸다
평상에 누워 지켜보고 있던 나도 도운다
어둡기만 하던 사방이 수런거린다
어린 댓잎 하나 은은하게 종소리로 울려 퍼진다
길 한 폭도 펴지 못한 조붓한 그 세월
이젠 서책을 어루만지던 어른들도 일어나
장으로 모여든다 갓을 벗고 한자리에 모여드니
사방이 열린다 제마다 들고 있는 태극기들이
피어 젖어 들어도 내릴 수 없는 저 허공 속
아! 그 태극기를 붙들고 손을 놓을 수 없었다
저 어린 댓잎과 나는

순국
- 유관순·7

풍설한야의 천안은 두메였더라
첩첩 산길로 접어든
병천면 용두리에서 호롱불이
한지의 번짐 속에서 가뭇거릴 때
한 아이의 울음이 아침 햇살처럼 붉었더라
1902년 12월 16일 태어나 처음 맞이 하는
이 세상 안과 밖이 전쟁의 회오리 바람에 휩싸였더라
인의예지로 개국의 문을 열었던 이 땅
천자문으로 열고자 했던 세상과 다른
이화학당에 들어서 더 큰 세상을 보았네
1919년 4월1일 아우내 장터에서 독립만세 부르짖으며
앞서 가신 님들의 길을 걸었네
별들이 문질러서 낸 그 길을
1920년 9월 28일 서대문 형무소에서
순국 후에도 홀로 묵묵히 걷고 있었네

아! 그 날!
- 유관순 · 8

어머니 이소제
아버지 유중권
누대로부터 인의예지로
치국평천하라는 가르침이
뼈 끝에서 뼈 끝으로 흘렀으리
고이면 넘치듯 유관순 나에게도
하나의 보가 되게 했네
아! 그 날! 어머니 아버지가
저들의 총칼을 살점의 부드러움으로
감싸 안은 아우내 장터의 한복판에서
힘 없는 민족의 눈에 고이는 눈물은
무엇이었나 그 눈물까지 한 그릇
따뜻한 밥이었다는 그 가르침이
저들에게 더 따뜻한 밥을 내줄 수 있었네

옥고
- 유관순 · 9

작은 아버지 유중무는 살육 당한
나의 아버지 유중권을 등에 업고 주재소로 갔었네
저들에게 죽음까지 내밀어 쳐진 몸
조상님을 뵈올 때 나라 잃은 것에 대한
책임을 다 하고자 모든 것을 다 바쳤네
죽은 자는 말이 없어도 산 자보다 엄했네
할아버지 불호령에 답하고자 그 마음
총칼을 휘두르는 저들이 너무 가소로워
품에 안았네 비굴하게 오래 살기보다
의로움을 다하는 그것이 선비요
임금에게 충성이요 조상님에게 도였으니
3년 옥고를 치루면서도 한 점 흔들림이 없었네
나의 작은 아버지 유종무께서
3년 옥고를 치루면서도 한 점 흔들림이 없었네

역사의 페이지
- 유관순 • 10

우리가 걸어왔던 역사의 페이지
몇 억 페이지가 넘고 넘는데
저들의 손아귀에 접혀지다니
우리가 열고자 함이 죄인가
임진왜란 땐 조총 앞세워
초토화시켰던 아비규환 속에서
피맺힌 옷자락 얼마였던가
이 옷자락을 다시 입어야 하는 우리
저들은 이 땅을 짓밟고 어디까지
뻗어가겠다는 말인가
우리 역사의 페이지 속에 침묵으로
새겨 넣을 수 없어 나섰다
이 목숨을 무기로 들고 나섰다
말 할 수 있는 것은 이 죽음 밖에 없었다

■ 제2부 ■

대한독립만세
- 유관순 · 11

딱따구리는 새끼를 치고자
큰 나무 둥치에 구멍을
파내어 집 한 채를 지워갔다
시끄럽다 여기 저기에 조용하라
다그쳐도 딱따구리는 멈추지 않았다
나 대한독립만세를 멈출 수 없었다
우리 고향 마을 딱따구리처럼
대한독립만세 알을 품고부터
내 모든 것을 다 내걸 수 있었다
저늘이 이 서대문형무소 큰 나무 둥치에
집 한 채 짓게 한 것 아닌가
이 집을 허물겠다 온갖 수작을 걸어도
난 대한독립만세 알을 품어야 했다

토란잎새
- 유관순 · 12

우린 토란잎새로 점점 넓어져갔다
이슬 방울 또르르 굴러 땅에 떨어질 때
곧 사라지만 우리가 받아들 때
진주 구슬로 환했다
이 때 심술 궂은 누군가 토란잎새 목을 쳤다
더는 이슬 방울을 받지 못하게
내 몸 속에 있는 영혼의 토란잎새를 꺼내어
받쳐들고 있을 때
저들은 고문의 술수로 토란잎새가
시들어가게 했다 이슬 방울 받은 행위는
천왕에게 불순하다는 것이었다
진주 구슬을 갖는 그 자체가
더더욱 불순하다는 것이었다

조국의 굄돌
- 유관순 · 13

땅은 저들이 다 점령하고
하늘만큼은 우리 것이게 마음 열어
해가 뜨는 아침을 맞이 하고
저녁이면 달과 별이 돋는 것을 거들다
소나무 가지를 스치고 지나가는 바람에
젖어 있는 울음들은 헬 수 조차 없었다
사람들은 제마다 가슴 속 울음이
소나무 솔잎빛으로 물들어가고 있었다
후두둑 떨구어야 할 텐데 점점 짙어만 가니
겨울이 깊어갈수록 소나무와 사람들이
한 몸이 아닌가
아! 그날이 왔다 우리 하늘을 되찾는
아! 그날이 왔다 아우내 장터에 외치는 소리
우리 하늘을 찾았으나 피빛 아닌가
저들이 내 손톱발톱을 뽑아낼 때
이렇게 조국의 굄돌에 올라서서 하늘을
찰랑찰랑 넘치는 물동이처럼 이고 섰다

하늘을 가두는 것
- 유관순 • 14

이 땅을 모두
서대문 형무소 만들겠다 하는 것 아닌가요
눈 감고 귀 막고 입 다물면
안 잡아들이고 이 세 중 하나만 걸리면
다 잡아 들여 놓겠다는 것 아닌가요
대한독립만세 부르짖을 때
절규로 응어리진 가슴들이 열렸네
이 하늘을 어찌 다 가둬 두려고 저러는지
모르겠네 가둘 것을 가둬야지
이 하늘을 가두는 것을 본 적이 있나요

소금 자루
- 유관순 · 15

염전에 갓 실려온 소금자루인 이 몸
한 방울 남김 없이 간수를 다 뽑아내고자
난리 법석이네
소금이 짠 맛을 잃으면 밖으로 내버려져
사람들 발에 밟히는 것을 성경에 써 있지 않았던가
저들은 하루 종일 간수를 뽑아내고자
거꾸로 매달아 놓았다 비틀었다 옥조였다
고문의 틀 안에 집어 돌리고 돌려도
짜디짠 간수가 빠져 나오기보다
점점 짜져 가자 발을 동동 구르네
소금이 제 맛을 잃으면 쓸모 없듯
간수 빠져 나간 소금으로 남아 있기보다
염전에 갓 실려온 소금자루인
이 몸으로 남아 전하려고 하네

별
- 유관순 · 16

유관순은 어릴 때 별 하나를
가슴 속으로 데리고 들어와 놀았다
고향집 감나무 아래에서 만났다
그 뒤 그 별도 유관순을 떠난 적이 없었다
나라를 잃은 것에 한숨 쉴 때
별은 그 곁에서 긴 한숨을 쉬곤 했다
독립이란 말도 별이 맨 처음
가르쳐 주었는지 모른다
고문의 늪에 빠져 있을 때마다
별은 가장 높은 곳으로 유관순을
데리고 올라갔다 그리고 쓰러져 가는
모든 것을 사랑하는 것을 그 마음
별은 한 번도 잊어 본 적이 없었다
저 어둠 한가운데에서
지금까지도 지키고 서 있다

비
- 유관순 · 17

내리던 비가 창문에 달라 붙어
뭐라고 소리를 지른다
비야 창문에
오래 멈춰 설 수 없는 몸 아닌가
어서 가던 길 가라고 해도
비는 창문에 멈춰 서서 버티고 서 있다
저들이 고문하는 것을 대신 받겠다는
몸짓이 아닌가
저들에게 내가 굴할 것 같으냐
비는 대신 고문을 받고
세상에 알리겠다고 벼르고 있다
비 때문에 눈물을 보였을 뿐
저들 앞에 한번도 보인 적이 없었다
독종! 이라 부른 저들 앞에서
더 날을 세워 천왕의 심장을 찌르고 있었다

유관순 이 하얀 빙벽

- 유관순 · 18

조선반도를 물컹물컹한 갯벌로 알았나 보다
이순신에게 그렇게 혼쭐이 났으면서도
조선반도를 대대손손 잊지 못하는 것을 보니
하지만 흐르는 물이 곧게 일어서는 줄 몰랐으리라
윤관순이란 이 하얀 빙벽
사방 어디에서 날카로운 것으로
꼭꼭 찌르면서 딛고 오르면 무너질 줄 알았나 보다
고문의 뜨거운 물을 확 부으면
삽시간에 녹아 내릴 줄 알았나 보다
유관순 이 하얀 빙벽
바위로 우뚝 서 있지 않느냐

청죽靑竹
- 유관순 · 19

겉으로 포박하는 저들이
승리하는 것 같았으나
뒤에서 옭아 매는 저들이
철저히 패했던 것이다
꼿꼿하게 일어서는
청죽이었던 것이다
무슨 수로 이 대나무를
꺾을 재간이 있단 말인가
꺾으면 꺾을수록
사방에 쏙쏙 돋아나는 대순이었던
처녀였던 유관순
다만 깔아 뭉기고
죽음의 흙을 덮었으리라

독립만세의 깃발

- 유관순 · 20

무엇이든지 흔들어야 직성이 풀리는 것이
바람이 아니던가
그 중에서 깃발만 보였다면
어느 높은 공중에 매달려 있어도
솟구쳐 올라 흔들고 마는 것이 바람의
너의 근본이 아니더냐
발 아래 두고 너희들이 꽂아두고자 했던
그 빨간 깃발 위에 더 높이 다는
이 독립의 깃발을 보고 가만 있을 턱이 없지
대한독립만세 전국 방방곡곡에서 나부꼈으니
간담이 서늘했겠지
무엇이든 흔들어야 직성이 풀리던 너희들
그깟 바람에 나부끼지 못할 깃발이 아니었다
이 독립만세의 깃발은

제 3부

아우내 장터
- 유관순 · 21

아우내 장터 떠올리기만 해도
하늘이 별들이 하늘 저편에서
어둠을 뿌리치고 달려와서 먼저 대답하고
서해바다 물살이 손살 같이 달려와
저녁 노을빛 깔아 먼저 대답하고
말없이 웃음을 짓고 있는 백제 미륵이
벌떡 자리에서 일어나 먼저 대답하고
그 때보다 더 애간장이 타는 마음은
불덩어리이나 우리가 절반만 품고만
살았어도 저들을 밀어내고 살 수 있을 텐데

들개 떼들
- 유관순 * 22

야산인 서대문 형무소 골짜기
배가 고파 달까지 반쯤 뜯어 먹고 있는
저 들개 떼들에게 밥을 먹여야 한다오
내 살점을 떼어 먹일 때 아파하는 달의
살점이 아무는 것을 본다오
어느 때는 너무 달을 물어 뜯어 너덜거리는 것을
차마 두고 볼 수 없다오
하얀 뼈까지 튀어 나와
높은 산 나무 위에 걸려 있을 때 가슴이 쓰라려왔다오
내 뼈를 내밀어 잠재울 때 좋았다오
저렇게 등짝 기름이 잘잘 흐르고
예리한 이빨 드러내어 으르렁거릴 때
내 모든 것 던져줘서 좋다오
저 달이 온전히 아물어 환하게 비친다면야
내 아쉬울 게 무엇이 있겠소

천둥소리
- 유관순 · 23

어김없이 이름부터 대라 한다
더는 댈 이름이 없어 입을 다물면
몸 속에 천둥소리 쾅쾅 울린다
어린 시절 안 방에서 듣기만 해도
저절로 등이 굽어지듯 등을 굽이일 때
점점 크게 울린다
그때는 하늘에서 울렸다면 지금은
사람이 천둥을 만들어내는 소리는
너무나 크다
더는 댈 이름이 없어 유관순이오
연달아 이어지는 이 천둥소리
교향곡인가요 아니면 무엇인가요

찬란한 부자
- 유관순 · 24

생발톱과 생손톱이 뽑히고
아픔의 끝에서 더 나가자 찬란하다
이 다음부터 아픔이 느껴지기보다
큰 산아래 흘러가는 물결 같다
처음에는 아픔에 부딪혀 뒹굴기만 했다
소리치며 무엇인가 토하고만 싶었다
아픔의 끝에서 더 나가는 것을 몰랐다
이 끝을 넘나들고부터 모든 것이 찬란하다
이것 하나만 가지고 있으면
난 찬란한 부자가 아닌가 누가 뭐라고 해도
먼저 가신 분들이 나보다 찬란한 부자였으리라

빛기둥
- 유관순 · 25

빛기둥 하나로 어디 세우기 쉬웠겠어요
눈물로 걸러내고 울음으로 걸러내고
그래도 아득함이 빛기둥이 아니겠어요
죽음을 떼어내어 휙 내던지자
물안개 같은 그 무엇이 내 안에 가득 차올라
빛기둥으로 우뚝 일어서는 것이 아니겠어요
이 기둥이 내가 되고부터 저들이 여기에
머리 드리박고 발길질을 해도
나도 모르게 기분 오지게 좋았는네

잔盞
- 유관순 · 26

독립만세 꿈을 담을 잔이라면
더 바랄 것이 뭐가 있겠어요
이 몸이 죽어 누군가가 산다면
아우내 장터 저녁 노을을 이불로 덮고
떠나는 이 앞에서
더 바랄 것이 뭐가 있겠어요
이 잔을 부시고 또 부셔도
천 갈래 만 갈래 금 가도
독립만세 꿈을 담을 잔이라면
이 다음 생까지 빌려와 내밀어
이 몸이 죽어 누군가가 산다면
더 바랄 것이 뭐가 있겠어요

천 개의 눈을 갖고부터
- 유관순 · 27

내 마음 속에 있는 눈이
몇 개쯤 되는 몰랐지요
여러 개라는 것을 짐작은 했지요
아! 천 개도 넘는다는 것을 알고부터
이 눈으로 다 보죠
저들의 휘둘러대는 총칼 뒤에 숨겨진
뱀들의 음흉한 눈빛들을
아! 천 개의 눈을 갖고부터
처음부터 끝까지 다 보았죠
나에겐 이 비좁은 공간이
별들이 떠 있는 우주 공간이죠

나비
- 유관순 · 28

쇠창살에 걸터 앉아 있는 폼이 나비다
파닥거리면서 날아야 하는데 날지 않고
이 안쪽까지 파고들어 기웃기웃거린다
말을 걸면 통할 것 같은 저 나비에게
다가 앉아 고향 소식을 툭 던질 때
나물 캐고 꽃 그늘 아래 나의 애를
태우던 그대라는 눈길을 끌어당긴다
날짜 가는 것까지 잊어버리는 나를
찾아와 어머니 아버지 가신 아우내 장터
그날 물 한 모금 마시듯 그 파란 하늘을
모두 마셨지만 더 마시고 싶어 외쳤다
대한독립만세로 마신 이 그릇을 산산조각으로
깨뜨려 전시해 놓고 잔뜩 겁먹게 한다
봄 햇살이 쇠창살에 걸터 앉아 나를
훨훨 나비로 저 멀리까지 날게 한다

봉선화
- 유관순 · 29

장독대 옆에 피었던 봉선화
철컥 문을 따고 들어서는 것이 저들 같아
온 몸에 소름이 돋아 설목인데
나야 봉선화!
놀라 바라보는 나를 덥석 부여 안아 울컥하게 한다
밀린 얘기들 밤을 새워도 모자란 우리들
술래잡기 하면서 나란히 숨었던 첫사랑
아! 저들의 고문이 손톱에 물들이는 일과 같았다
동여 맨 헝겊을 풀면 더 곱게 물든 것을 보듯
고향은 우리 품 속에 있고 그리움이 옷자락에
묻어나는 그날들 봉선화와 이 안에서
보내는 날들이 하늘에서 이어지리라

목숨
- 유관순 · 30

나라가 주문하는 것이
단 하나 밖에 없는 이 목숨을 바치라 하올 제
다 바치는 것은 나의 사명이오
첫 눈 내리는 날에 만나자고 약속한
그 사랑처럼 이런 셀레임으로
독립을 위해서 모든 것을 바치는 것이
나의 아름다운 꿈이오
하늘이 나에게 무엇 하기를 묻는다면
잃어버린 내 나라 내 땅을 되찾아
하늘이 펼쳐 놓은 뜻을 따라가는 일이
나의 영원한 소원이었소
나라를 위해 바칠 목숨 하나 밖에 없어
이것이 나를 슬프게 하오

제 4 부

함성
- 유관순 · 31

열 여덟 유관순을
차디 찬 허공에 팽개쳐두고 살아왔다
삼천리 금수강산 언 땅을 뚫고 나왔던
잎새같은 사람들이 거침없이 두 팔을
들고 외쳤던 그 함성들
3.1일은 새롭게 오고 또 와도
그 날의 3.1일은 세월 속에
가라앉아 침향목이 된 걸까
돌덩어리가 된 걸까
가녀린 유관순을 감옥에 가두고
불인두로 대한독립만세를 부르던
마음을 송두리째 태워버리고자 했다
불인두보다 더 뜨겁게 타오르는
대한독립만세를 부르던 마음을
끝내 태우지 못하고 열 여덟 살의
생을 저들이 못질 했다 우리 또한
허공 차디 찬 곳에 팽개치고 살아왔다

유관순의 봄
- 유관순 · 32

눈발도 언 몸인데
밖이 너무 추워 땅에 내릴 엄두도
내지 못했다 그대로 꽁꽁 얼까 싶어
무엇보다 감옥 안에 있는 유관순 곁에
머물고 싶어 창문을 두들겼을 때
저들은 눈발까지 수갑을 채워
불순한 의도를 캐어내고자 설쳐댔다
유관순은 제 품에 있는
온기를 한 됫박 꺼내어 주니
꽁꽁 언 몸을 녹인 눈발들이
하얀 눈송이로 내려 앉으면서
언 땅 속에 봄을 심고 또 심는다

나라의 큰 짐
- 유관순 · 33

하얀 눈발 섞인 사이로 번뜩 빛을 발하는
햇살이 너무 맑아 쨍 하고 금이 갈 것 같아
손 내밀어 잡아보니 이미 멍이 든 그 손에
안겨 이 차가움을 밀어내고 있는 것을 본다
눈발 하나에도 마음 시리어 발을 동동 구르는
나이인데 나라의 큰 짐을 지고 걷고 있는 것을
거들고자 햇살이 찾아와 쾌쾌한 냄새로 범벅인
이 내부를 제 몸으로 밀어낸다 짙게 배여 든
상처에서 흘러내리는 피 냄새가 마루 바닥과
벽에 얼룩으로 도배되어 이불인가 옷장인가
햇살이 더 맑은 공기를 펌프질을 해서 채운다
유관순 가슴에서부터 영원 저편까지 가득 채운다

창고인 이 집
- 유관순 · 34

척컥 소리가 한 밤중을 울린다.
조선의 언 가슴이 쩡 하고 금이 갈 듯 하다.
저들이 내리치는 얼음판은
더 파랗게 강철 빛으로 일어 선다 그 날이 올 때까지
아! 내 가슴에 일어서는
이 강철 빛이 무엇인들 베지 못할 것이 없다
누가 붙들려 와 소리치는가
하늘과 땅이 얼어서 풀릴 기미조차 없어도
저 소리가 뜨거운 열기가 아닌가
무디어가는 나의 강철 빛을 더 예리하게 갈게 하나니
이름 모를 형제들의 뜨거움에 나를 던진다
강철 빛보다 강한 힘으로 버티고 서 있는 이 집 찬바람으로
가득 채워 명태처럼 수 천 쾌를 이뤄 꿰어 놓아도
퍼덕거리는 심장으로 살아 뛰는 것을 모를 것이다.
예리한 날로 서서 때를 기다리는 것을 모를 것이다
마른 명태로 말려 이곳 창고인 집에 수 천 쾌를 쌓아도
이곳이 해라는 것을 모를 것이다.
얼음의 밑바닥을 헤엄쳐 가는 이 몸들 진정 모를 것이다

* 집은 서대문 형무소

연꽃 한 송이 피워 놓고
- 유관순 · 35

지옥보다 더한 방을 만들어
가둬 놓아도
연꽃 한 송이 피워 놓고 앉아 있으니
이 연못에서 나는 냄새마저 향기롭다
처음에는 뿌리조차 내릴까 싶었는데
연잎을 펴보니
이 연못이 천하에서 가장 맑은 곳이로다
저들은 연꽃이 벙글어 피는 것을 보느라
넋을 잃고 있구나
썩어서 눈늘어진 저들의 연못을 더 넓혀
분홍빛 연꽃으로 피워 새벽을 열어 주마

대한독립만세 이 말을
- 유관순 • 36

대한독립만세 이 말을
또 다시 어디로 부칠까요
보낼 곳을 다 차단시켜 버리고 없어요
달이 뜨는 동산의 나무 가지에
걸려 나부낄 것입니다
새벽 우물터 질항아리 이고 오는
그 곳에 찰랑거리는 소리를 낼 것입니다
어디 질항아리까지 깨뜨리겠어요
처마에 분명 걸려 있을 거예요
황소의 눈 속에 걸려 있을 거예요
한 번 쟁기를 메면 뒤돌아보지 않고
묵묵히 앞을 향해 가는 것처럼
거기 쟁기 매달려 있을 거예요
어떤 식으로도 부칠 께요
대한 독립 만세를 부칠 수 없을 때
내 혼으로도 부치고 말겠어요

통채로 사랑해도 되나요
- 유관순 · 37

창 밖을 볼 수 없게 다 가려놓고 있어도
그 창 밖이 더 선명하게 보인다
내 나이로 보면 모든 것을 통달한다는 것이
너무 어리지 않는가요
날마다 내 몸이 맷집에 길들여 지면서
조국이란 님에게로 달려가지 않고는
죽을 것 만 같아요 이렇게 힘차게 달리고 있을 때
이미 모든 것을 통달 했어요
조국이란 님에게 달려가고 있을 때
맷십을 너 늘려가는 서들이 너 사련하게 보이너라구요
아니 어루만져 주고 싶더라고요
이 어린 나이로 조국이란 님을 통채로
사랑해도 되나요

문 밖에 봄을 두고 갔네
- 유관순 · 38

뼈 끝을 후려쳐 고문하는
저들보다 더 지독하다
어디 더 세게 추려 치라 내밀고 있을 때
꼬리부터 내린다
매서운 겨울 추위가 맹위를 떨치고자
부리다가 한 풀 꺾어진다
저들은 표가 나지 않게 가 하는 고문을
이 겨울 추위에게 배웠나 물었더니
봄을 삭혀내느라 이리도
뼈 끝을 치는 것에 대한 아픔을 전한다
저들은 뼈 끝을 쳐서 죽음을 불러 오는
명수들이란 것을 툭 던진다
피딱지가 내려 앉은 몸으로 겨울을 불러주었더니
문 밖에 봄을 두고 갔네

이 자리가 대한독립만세로
- 유관순 · 39

몸만 두고
잠시 어머니 아버지 만나러
하늘에 올라갔다 오니
이토록 몸을 다 망가뜨려 놓은 것이
누구의 짓이냐
이 몸의 아픔을 껴안고 있을 때
하늘까지 쫓아 와 발길질이 이어진다
어머니 아버지가 대신 저들 발길에 막고 있을 때
하늘에서 내려와 내가 맞는 것이 편안했다
내 영혼에 박힌 독기를 빠져 나간다
저들의 발길에 채이면 채일 수록
이 자리가 대한독립만세로
넓혀져 가고 있었다

형무소 만들겠다
- 유관순 · 40

이 땅을 모두
서대문 형무소 만들겠다 하는 것 아닌가요
눈 감고 귀 막고 입 다물면
안 잡아들이고 이 세 중 하나만 걸리면
다 잡아 들여 놓겠다는 것 아닌가요
대한독립만세 부르자
막혔던 가슴이 뻥 뚫린 하늘이 되었네
이 하늘을 어찌 가두려 발광을 하는지
정녕 다 가둘 수 있다고 보세요
저들의 셈법은 두들겨 잠잠케 하려고 하나
어둠을 뚫고 나온 아침 해를 봐요
저녁 별을 봐요 달을 봐요
구름을 못질해 놓아도 가릴 수 없다는 것을
지금 승승장구 하나
그리 길지 않다는 것을 알아요

제5부

독종
- 유관순 · 41

어느 사이 내 몸이 징이 되어 울리고 있다
어디서 징 소리가 들려오나 보았더니
내 몸에서 울려나 퍼져 가는 것 아닌가
이미 몸은 물 먹은 소금 가마니요
천군 무게인데 흥에 겨운 가락에
가만 앉아 있을 수 없는 노릇 아닌가
춤이라고 할 순 없지만 신명이 난다
이것이 조상대대로 물려 받음이 분명하다
어깨춤이 덩실덩실 천하 광대는 아니더라도
한바탕 뛰고 나니
싱싱하게 살아 있음이 확인 되는 것이 아닌가
문밖에서 저들은 나를 독종이라 하는데
이렇게 몇 마당 신바람 나게 춤사위에
모든 것을 얹어 놓고 보니
대한독립 만세가 절로 울려나네
이 징 소리 가락에 맞춰

아우내 장터 사람들
- 유관순 · 42

아우내 장터 사람들은
울퉁 불퉁 굴곡진 모과였네
계절의 쓴 맛을 다 삼켜 단맛을 내는
과육은 눈보라 속에 진한 향기를 발했네
열릴 때 보면 돌덩이 하나 매달려 있는 듯
거센 바람에 끄덕하지 않고
비록 흠이 진 것마냥 보여도
가을 햇살 아래에서 품어내는 노란 색깔
그것은 험한 세월에 대한 참회였을까
고난이 길수록 혜안이 더 밝아지는
눈빛이었을까
칼끝에 쪼개질 때 험한 세상을 문질러
닦아내는 향기를 발했네
창 밖에 쓸고 가는 눈보라까지 물들었네
모과의 과육에
이것이 아우내 장터 사람들이었네

어머니
- 유관순 · 43

어머니 손길이 닿는 곳마다 빛이 일렁거렸다
항아리 앞에 서면 그 항아리 속에 우리 얼굴이 비쳤다
어머니의 손끝이 닿아 환한 거울이었다
툇마루에 누워 있을 때도 그러했다
댓잎소리까지 우리 얼굴처럼 비쳐 오는 것 같아
눈을 떼지 못했다
방안 장롱도 아버지 머리맡에 놓여진
앉은뱅이 상도 그러했다
먼지 하나까지 닦아내며 정갈하신 어머니의 솜씨
아! 어머니가 주신 그 솜씨로 태극기를 그리고 있을 때
온 하늘이 태극기 물결이었다
소리 질러 내 나라 내 땅인 것을 알았다
어머니가 남겨 놓은 지문은
내가 밟고 가는 길이었다
이 고문 길도 어머니의
손길이 닿으면 유리빛 나겠다
아니 내 얼굴이 환하게 비쳐
고향집 툇마루에 뒹굴면서 보았던
댓잎 소리가 환하게 비쳐 올 것 같다.

나의 아버지
- 유관순 · 44

인의예지의 속살 뒤에 그 분을
알고 있는 거다
먼 베들레헴 나사렛 동네에서 태어나신
그 분을 맞아 들이고 빨간 댕기 머리를 하는
나를 이화학당에 보내신 거다
남녀칠세부동석이란 것은 그분의 입장에서
보면 하찮은 것으로 알고 있던 거다
인의예지 틀 속에 보면 조신하게 있다가
좋은 사람 만나 혼사의 길을 열어
시집 보내는 일이 인륜지대사로 여길 텐데
아버지는 그렇지 않으셨던 거다
이미 깨어 있어 나라에 필요한 일이
무엇인지 알고 있던 거다
그분처럼 묵묵히 그 길을 걸으셨던 거다

태극기
- 유관순 · 45

고종황제의 죽음은 또 나라의 죽음
저들의 가혹한 탄압은 민심의 불을 붙여
태워버리고 살 수 없는 절대적 분노
이 땅에 발을 딛는 폭거의 그날부터
숨죽여 혼의 맥까지 끊어 놓은 날들이었다
피던 진달래도 시름에 겨워 자결하고자
온 산을 울리던 것을 잊지 못했다
날으는 하늘의 새들도 더는 두고 볼 수 없는
비분강개함을 풀길 없어 울어
온 하늘을 피로 적셔놓았다
만고를 받들어 우러러 모실
고종황제의 죽음은 우리의 죽음이었다
태극기 높이 다는 것 말고 없었다
죽음의 깃대 위에 더 높이 다는 것이
하늘의 절대 명령이었다 아니 순종이었다

잔타르크라고 부르지 말라
- 유관순 · 46

피바람이 휩쓸고 간 이 강산에서
만나는 것과 눈길을 마주치면
돌도 제 몸을 열어 힘차게 던지라 한다
길가에 누워 있는 괴목들도 일어서서
제 몸을 휘둘러 닥치는 대로 두들겨 패라 한다
무기들은 더 날뛰는 맹수처럼 으르렁거리며
제 몸을 열어 모든 것을 날려 버리라 한다
저기 저기 심심산천의 무덤들도 콩알처럼
두 쪽으로 갈라져 모두 나와 힘을 보태고자 한다
이 강산에 발을 들여 놓은 자
모두 물리칠 때까지 손에 손잡고 앞서 나서자 한다
어둠을 헤치고 나온 해는 잠들어 있는 것을
모두 깨어 일어나 앞서 나서자 한다
아! 그 음성에 따라 나설 뿐이로다
어린 나를 프랑스 잔타르크라고
이름 지어 부름을 감당할 수 없노라
철저히 나는 거부 하노라

이 땅이 울고 있을 때
- 유관순 · 47

이 땅이 울고 있을 때
나는 외면 할 수 없었다
그 슬픔 속으로 들어설 때
이 땅에 태어난 이유를 알았다
이것 때문에 태극기를 더 높이 들었다
감옥에 가둬 놓은 뒤에도
더 큰 소리로 대한독립만세를 부를 때
생손톱 생발톱을 뽑기 시작했다
아니 내 몸을 새끼줄로 알고 꼬기 시작했다
흐느끼는 소리를 내지 않으려고 할 때
이 땅이 너무 크게 울고 있었다
나 같은 어린 소녀의 몸에 기대어
팽하고 코를 풀며 울음을 그치고 있다
이 땅과 나는 한 몸이 되어
서로 어깨를 들썩이며 가슴에 후끈한 것이
타올라 어둠을 헤쳐 갈 수 있었다

나라 잃은 슬픔
- 유관순 · 48

나라 잃은 슬픔이 깊어갈수록
신기神氣가 생겨나는구나
저들이 누구인데 이 땅을 침범해
모든 맥을 끊어 놓았나 이것을 잇고자 나섰노라
죽음의 다리를 놓아 모두 나섰노라
무지렁이로 알았던 우리들이 깊은 바닥에 닿으니
더는 두려울 것 없이 득도의 경지에 올라
거침없이 대한독립만세를 불렀노라
하늘의 보좌를 흔들어 놓은 부르짖는 단합 된 소리는
한 점 흠이 없었노라
저들의 총칼에 쓰러짐이 곧 꽃으로 피어나
온 땅을 찬란하게 피었노라
천 만 번 채찍으로 후려치고 가둬도
불꽃으로 타오르는 대한독립만세는
도도히 흐르는 강물이었노라

모국어로 울었네
- 유관순 · 49

나무도 풀잎도 사람도
모국어로 울어 볼 수 없었다
기미년 3,1일에 이 땅에 사람들이
모국어로 실컷 울어 보았다
대한독립만세를 부르고 있을 때
거리에 나서서 때 모국어로 울어 본 적이 언제였던가
아! 간절함은 운명을 뛰어 넘는 힘인 것을
보여주었다
모국어 바라봐야 할 해까지
마음 놓고 볼 수 없었다 저들이 차려 놓은
신사참배를 강요 당해 고개 숙여야 하는
비굴의 시간은 얼마나 길었는가
모국어로 울고 난 뒤 두려움이 사라졌다
저들의 총칼 따위에 기죽어 사는 것이 아닌
언제든지 보여줄 수 있는 모국어의 힘이 생겨났다
저들의 총칼보다 더 강철빛으로 타올랐다

내선일체
- 유관순 • 50

자유에서 이 땅 사람들을 뽑아내어
내 모는 것은 험한 광야였다
내선일체라는 이 속으로 집어 넣고자
내몰고 또 몰았다
저들의 채찍에 쉽게 길들여진 민족이었던가
겉으로 길들여 진 것처럼 보였을 뿐
자유에서 뽑아내는 것만큼 더 강한 힘으로
그 속으로 돌아가 있는 것을 몰랐으리라
사람을 천왕이라 부추기며 고개 숙이게 한들
쉽게 고개 숙여질 민족이었던가
서구 열강의 그릇된 것을 먼저 배워
이 땅에 들어와 자유에서 뽑아내어
험한 광야로 내몬다고 한들
쉽게 말을 들은 민족이었던가

제6부

등불

- 유관순 · 51

이곳에서 노래를 부를 수 없게
입을 막아도 불의 노래를 해요
내 안에서 내 영혼이 노래 해요
문 밖에 있는 바람이 불로 타 올라
불을 밝혀요
바람이 지나가는 자리마다 등불이 내걸려요
눈에 보이지 않는 대한독립만세
등불이 온 천하 만민을 비치고 있어요
여기 난 단 한 방울에 기름을 부는
몸입니다
이 땅이 사라질 까지 꺼지지 않는
등불을 비치고 싶어요

고난
- 유관순 · 52

여기 있는 내가
고난을 물고 있는 걸까
고난이 나를 물고 있는 걸까
내가 고난을 악어처럼 물고 있다
이것을 삼키지 않고선 노래를 부를 수 없다
물면 물수록 저들은 저들의 그림자에 더 놀란다
여기에 있는 누구나 스스로 고난을 물고 있다
조국을 사랑한다는 것은 이보다 더한 것을
물고 있는 것이 아닐까
악어인 내 입을 벌려 이 고난을 꺼내고자 꼬득거린다
놓기만 하면 풀려난다고
죽었다는 어머니 아버지가 살아온다고
고난이 이렇게 황홀한 기도인줄 모를 거다
고문이 고난을 놓게 하는 길로 알겠지만
더 단단하게 무는 악어인 내 입을
그 무엇으로 이 고난을 꺼내어 갈 수 없으리라

밥
- 유관순 · 53

소름에 저려진 짠지와 콩밥
입 밖으로 밀어내고 또 밀어낸다
그 분의 말씀 한절 아침부터
입 속에 넣고 씹고 있을 때 배가 불러 온다
며칠 째 밀어내도 내 입을 벌려
밀어 넣고 기다린다 내가 삼킨 것인지
모를 정도로 내 안에 돌덩이리 하나
우뚝 내가 그 위에 앉아 눈을 감고 앉아 있다
이대로 몇 천 년을 아무 것도 먹지 않고
살 것 같다 저들은 그것이 두려운 까닭인지
입을 벌려 밀어 놓고 감시 한다
굶겨 죽어서는 안 되는 줄 알았던 걸까
이렇게 배가 불러 든든한 줄 모를 것이다
날마다 꿀보다 더 단 밥을 먹고 있는데

별들의 글자
- 유관순 · 54

내가 여기 오기 전부터 온몸으로
벽에 새겨 놓은 이 역사를 온몸으로 배운다
하늘의 별들이 만들어 놓은 글자로
새겨 놓아 읽을 때마다 찬란하다
내 몸이 금시 수천 권의 책 페이지가 된다
별들의 글자는 한번만 읽어도
심령골수를 쪼개도 남은 이 신비로움에
고개가 숙여진다
별들이 만든 글자를 읽고 있는 날에는
모든 거짓이 백일하에 드러나는 것을 본다
저들이 펄펄 날뛰고 있어도 총과 칼의 힘일 뿐
이 별의 글자 앞에서 당해 내지 못하리라

누가 굴복하고 있는가
- 유관순 · 55

고문의 한 가운데 들어가 누우니
무릉도원이 심심산골에 있는 것이 아니라
바로 이곳이었구나
저들은 나를 포박해서 놓은 것이
고통을 주고자 함이었으나
나는 한가롭게 누워 천수를 즐기고 있으니
아니 가없는 허공을 들고 나고 있으니
저들의 짓이 가소롭도다
누가 굴복하고 있는 것이 나인가 저들인가
난 여기 누워 유유자석함으로 즐기고 있는데
똥줄 타는 저들은 좌불안석이다

이 노래를 멈추랴
- 유관순 · 56

몸을 비틀면 비틀수록
더 맑은 음악이 하늘에 울려 퍼진다
분명 귀청이 떨어져 나갈 것 같은 소리인데
이렇게 맑은 가락이 내 몸 안에 있었나
저들이 찾아낸 것이다
하늘에 올리는 이 아름다운 산제사여
이보다 순결한 제사가 있나
더 비틀어다오 살점이 찢어지고
뼈가 깨부숴지는데
더 맑은 가락이 울려나 세상을
신명나게 하고 있으니
나 어찌 이 노래를 멈추랴

명창
- 유관순 · 57

그날 우리는
명창이 아닌 사람이 없었다
그 보다 아름다운 소리도 없었다
대! 한! 독! 립! 만! 세!
이 땅에 사는 그 누구라도
입만 열면
명창이 아닌 사람이 없었다
하늘이 영원히 귀를 둘 수 밖에 없었다

선물
- 유관순 · 58

아침 해와 같은 그 몸엔
수 만 개 희망의 물통이 얹어져 있었다
출렁출렁 와르르 쏟아질 것 같은데
그 물통에 담긴 희망의 물살
지금도 그대로 전해 준다
살이 부릅터 아문 곳 없는 그 몸을 하고
자나 깨나 오직 한 마음으로 바라는
꿈이 열리는 그날을 위해서
저들의 심장 속을 지나서 걷고 있었노라

파장
- 유관순 · 59

내 의식의 밑바닥에 박혀 있는
말까지 끄집어내라고
불인두로 지지고 묶어 놓은 무릎 사이로
그 장대를 꽂아 주리를 틀 때
시간 밖의 그 시간 속으로
몰입을 한다 이 때처럼 행복한 시간이 없다
대한독립만세의 뿌리를 뽑아내고자
완전 피범벅으로 철갑을 두르고
이렇게 몰입하고 있을 때 고향 마을 처마에서
낙수진 물이 내 검정고무신에 채워지면서
찰랑거리는 그 파장은 너무 아름다웠다
이 파장을 이끌고 가는 일이 꿈결 같았다

내 몸은 물의 몸
- 유관순 · 60

내 몸은 물의 몸과 하나인 것을 본다
무엇인가 던졌을 때 첨벙 소리만 낼 뿐
상처를 입거나 흠이 진 흔적이 없다
물의 몸이 되고부터 내 안에 모든 것을
간직할 수 있었다 무엇 하나 소중하지
않는 것이 없다 물 위에 뜨는 것은 부력을
지녔을 때 그 나머지 것은 모두 가라 앉힌다
이것이 잔잔한 평화가 아닌가
이 독방은 0,7 평인데 달빛 출렁이는 호수인
내 몸이다

제 7부

첫 사랑
- 유관순 · 61

빗방울이 은구슬로 구르는
연잎인 우리 청춘에 스며든
첫 사랑이 닿은 그 곳에
뜻 모를 그리움 한 폭 펴
남몰래 나무 가지에 걸어두었네
지금도 고향엔 그 나무
그대가 오는 길에 서서
전해주려고 하겠네 바람이 먼저 알고
그대 옷소매 자락을 흔들 때
나를 기억해 줄까 난 여기 있는데
봉선화 물든 내 반달 손톱이 이쁘다 했던
그대 나를 영영 잊지 못할까
올해도 봉선화는 홀로 지고 있을 텐데

고문실로 가는 길
- 유관순 · 62

눈을 감으면 집으로 가는 길을 걷고 있다
가다 푸른 달을 무처럼 베어 먹으며 매울 때
저만치 산밭에 내팽치곤 한다
산꿩이 푸드륵 날아오른다 대죽도
자신들이 새인 줄 알고 날아오르다
그만 무엇에 부딪쳤는지 제자리로 돌아와
저렇게 퍼드득 날개짓을 한다
그 아래 물 고인 연못에 낮달이
손 내밀어 잡아 보니 허공이다
이 허공에 무엇인가를 쓰고 있다
집으로 돌아 가고 싶다는 말이
수천 개 낮달로 일렁이고 있는 것 아닌가
일렁거림이 잠잠해질 때 낮달은 하나요
내가 집으로 가는 길이 아닌
고문실로 가는 길을 본다

삼천리 이 강산
- 유관순 · 63

삼천리 이 강산
어디든 감옥이 아니겠습니까
손발에 쇠사슬에 묶여져
있지 않았다 할 뿐 모두 감옥에
갇혀 살아가는 몸이 아니겠습니까
살아 있음이 조상에게 죄짓는 것 같은 날들
끝내는 나라를 잃고 찾고자 함이
죽음의 산성을 이뤄 저들의 간담을 서늘케
했네 이 산성이 하늘에 닿으면 찾을까요
그때까지 쌓고 또 쌓아서 닿아야 지요
이 옹벽이 허물어지기 전까지
삼천리 이 강산은 감옥일 수 밖에 없지요
이 몸 던져 바늘 귀만큼 금 가게 한다면
아낌없이 던져 금 가게 하고 싶습니다

만두
- 유관순 • 64

만두 사려 외치는
밤 깊은 저편에서 울리는 가락은
배고픈 동료 학생의 창자 속을 후비어 갔네
기도실에서 기도하다 지켜보던 유관순
기숙사 밖으로 나갈 수 없음을 알고
만두를 사 들고 내미는 그 마음
법에 걸려 반성문을 쓸 수 밖에 없어도
배고픔을 함께 나누고자 하는 그 마음
나라를 잃었을 때는 가장 먼저 태극기
들고 뛰어 나가 함께 했네
독립하는 나라에서 더불어 살고 싶은
간절함 하나뿐이었네
하늘의 마음으로 생을 맡겨
모든 것을 아낌없이 주고 싶었네

하늘의 집이야
- 유관순·65

내 몸은 비록 천할지라도 하늘의 집이야
이렇게 처참하게 부서놓고도
마음에 거리낌이 없는 불구대척의 저들
정신 못 차리고 언제까지 하늘의 집을
부시는 일만 할지 몰라
고문의 망치로 내리쳐 일으켜 세울 수 없는
수치의 속내까지 드러나고 말았구나
여자로서 가리고 싶은 젖가슴과 속살까지
헤집어 놓고 있는 이 하늘의 집
뉘가 봐도 기가 찰 노릇이다
이것이 집이나 싶을 만큼 험한 몰꼴이
말이 아니다
하늘의 집을 닥치는 대로 부수는 자가
잘 되는 역사가 있었던가
내 몸이야 여기에서 멀어갈 때
이전의 집보다 더 눈부시게 새롭게 지어
저 달과 별들이 드나들 것이다

티끌인 나는 내 안에
- 유관순 · 66

티끌로 여겼기에
폭압의 빗자루로 쓸면 그것으로
깨끗하게 청소 되는 줄 알았을 것이다
티끌인 나는 내 안에
하늘을 심어 파랗게 키워내고 있던 것을
그리고 대한독립만세를 부를 때마다
이 강산에 메아리로 울려 퍼져가는 것을
몰랐을 것이다
이 쓰러기 통에 밀봉해 놓으면
만국평화가 오는 줄로 알았을 것이다
이 강산을 너머 하늘에 닿아
씨앗으로 자라는 것을 몰랐을 것이다
죽이면 다시 사는 이 씨앗의
불멸을 몰랐을 것이다
이 쓰러기 통까지 초원으로 바꿔
초록 물살로 출렁이게 하는 것을 몰랐을 것이다

천도로 끓고 있는 쇳물인가
- 유관순 · 67

살아 있는 화석으로 만들어 놓고
천왕의 음덕을 입어 풀려나리니
지울 수 없는 이 말 한마디에
살벌한 고문의 쇠사슬들이 떨기 시작한다
피 튀기는 살육 속에 뛰어 들 수 없다고
완강하게 버티어도 질질 끌려 나와 나를 매단다
대한 독립만세로 방수된 내 몸을 물통 속에
거꾸로 밀어냈다가 꺼냈다가 고추가루 탄 물을
코에다 부었다 또 다시 미꾸라지 풀어 놓은
눌봉 속에 옷을 다 벗겨 짓눌리 덴다
대한독립만세 물감을 지울 수 없다는
이 한 마디가 더 높게 울려 퍼져갈 때
젖가슴과 음부를 불인두로 지지고 또 지져
내가 몇 천도 끓고 있는 쇳물인가 아니면
저들을 이 쇳물로 녹이고 있는가
그렇다 내가 저들을 녹이고 있는 것을 본다
내 두 눈으로 똑똑히 보고 있다

내 몸은 훨훨 나는 학이다
- 유관순 · 68

소리 내어 울 수 없는 울음의 성찬으로
한 상을 차린다 그 분과 나란히 앉아
겸상을 하고 있을 때 내가 진 짐은 짐도 아니다
수고치고는 하찮은 것에 지나지 않는다
그 분은 이런 나를 손 내밀어 잡아 준다
내가 차린 것은 울음의 성찬인데
하늘 아래에서 이런 상을 받을 때
머리 둘 곳이 없다 하신다
그분의 광채 속에 내 모습이 다 보인다
아직도 울음만 넘쳤을 뿐 광채가 없는 몸인 것을
나 아닌 다른 이들의 몸에서 뿜어져 나오는
저 광채는 그 분의 광채가 아닌가
울음의 성찬으로 그분에게 이렇게
한 상을 차릴 때 내 몸은 훨훨 나는 학이다

성채
― 유관순 · 69

온 나라가 천만 번 뒤숭숭해도
해와 달이 땅에 떨어지지 않으리라
이 땅에 가해지는 형벌이 바닷물같이
차고 넘친다고 한들
이 땅은 가라앉지 않으리라
배달 겨레의 성채가 무엇이었더냐
살아 있는 하늘이었고
이 하늘아래 있는 한 굴욕이 깊어서
숨쉴 없다고 해도 새날이 도래 할 때는
다시 이 하늘을 되살아 살아가지 않으랴
지금은 엄혹한 설원의 성채뿐
안과 밖이 얼어 기대고 설 수 없으나
고난이 곧 봄이니 쉬이 녹는 날이 오리라
주춧돌 뒤틀림이 어디 한 번 뒤틀렸더냐
폭력의 함마로 내리쳐도 허물어질 성채라 하더냐
뒤틀린 주춧돌을 이 몸으로 바꿔
성채를 세우는 날이 오지 않겠느냐

이 강산이 모두 감옥이네
- 유관순 · 70

감옥이네 이 강산이 모두 감옥이네
지화자 좋구나 좋아 풍년이 오던 날을
기다려 어깨춤 추며 들로 밭으로 나갔던 우리들인데
감옥이네 이 강산이 모두 감옥이네
지화자 좋구나 좋아 철 따라 꽃피고 새우던
이 강산 어딘엔들 눈길 주면 고향이요
발길이 닿은 곳이 고향이었는데
감옥이네 차고 넘치는 감옥이네
산천초목이 피에 젖어 메말라가고
새들마저 슬퍼 허공만 후비는구나
자화자 좋구나 좋아 고문으로 날밤 지새워도
대한독립만세를 멈추지 않으리라
내 살점 살점마다 풍년 오는 들판처럼
벼 익어 고개숙인 풍경을 남겨두리라
감옥이네 이 강산이 감옥이네
벼알곡으로 이 감옥을 곳간으로 채우리라
지하자 좋구나 좋아 그날이 정녕 오리라

후기

짧은 생을 살다간 유관순 열사의 고귀한 생을 찾아 나서면서 그 영혼에 무엇이 서려 있어 그토록 심한 고문에도 견디어 냈을까.
극한의 고통 속에서 이미 생의 지탱할 힘마저 빼앗긴 속에서 오히려 저들의 간담을 서늘케 하는 근원적인 힘이 어디에서 생겨났을까.
저들의 가혹한 고문은 세계를 놀라게 하는 인간의 한계를 뛰어 넘는 짓을 서슴없이 자행했다.
마루타 생체의 실험은 잔인한 인간의 이면을 속속 드러내는 행위였다.
나이 어린 소녀의 몸에 가하는 저들의 폭압의 고문은 치를 떨게 한다.
대한독립만세를 부르는 그 뿌리를 뽑아내고자 가해지는 폭력은 치욕의 역사이자 만고에 있어 잊어서는 안 되는 범죄를 지금도 되풀이하는 저들에 대한 심정은 착잡하다.
고귀한 열사의 희생의 대가가 오늘 우리가 세계속에 잘 사는 대열에 들어서서 모두와 어깨를 마주하고 있다.
그 당시는 모든 것에서 뒤져지고 모든 것에 후진적인 입장에서 당해낼 수 없는 한계에서 굴복 당했으나 지금은 모든 것이 달라졌다.
저들로 하여금 민족의 분단 이 비극을 무엇으로 보상 받아야 할까.
정신대 할머니의 일들은 덮고 역사를 왜곡 날조하는 이 앞에서 또 한번 이 땅을 분노케 한다.
아직도 우리는 저들을 경제적으로 군사적으로 앞서가지 못한 것이 안타깝다.
힘을 가진 민족만이 불의도 정의로 바뀌는가.
결코 그렇지 않다는 것을 역사는 증언하고 있다.
유일하게 일본만 조상의 범죄행위를 절대로 인정하지 않고 정당하다 합법화시켜 이웃 나라 국가들을 외면하고 있다.
17살의 나이로 나라를 잃은 슬픔을 어떻게 승화시켜나야 하는지를 알고 있었던 유관순 열사!
우리 역사는 그 동안 뒤안길로 밀어 놓고 있었다.
유관순 열사를 미화 시킨다는 미영하에 감춰져 있었다.
생발톱 생손톱이 뽑혀나가고 불인두로 가슴과 음부를 지져 최악의 상황에서 대한독립만세 부르짖는 숭고한 정신을 언제까지 방치해야 하는지 묻고 싶다.

물론 그 당시 유관순 열사에 가해지는 형벌만은 아니었다.
태극기 들고 대한 독립만세를 부르는 누구나 그러했다.
그러나 유관순 열사처럼 어린 사람들은 그렇게 많지 않음도 밝혀졌다.
오히려 의식이 깨어난 어른들과 이미 대의명문을 지닌 사람들이 나서서 목숨을 걸고 대오를 이뤘다.
그날의 위대한 역사의 정신은 오늘도 이 땅을 지탱하게 하는 기적의 힘이자 미래로 도전하는 힘이다.
한 소녀가 감당할 수 없는 수치감과 모멸감과 극한 대치 점에서 오히려 저들은 고문에 굴하지 않고 당당하게 나섰던 것은 무엇이었을까.
죽어도 무릎을 꿇을 수 없는 그 절대 정신은 바로 우리 민족의 혼이 아니었을까 싶다.
누구도 꺾을 수 없고 깨뜨릴 수 없는 불멸임을 보여주었다.
100년을 눈 앞에 둔 이 시점에서 과연 17세 소녀와 같은 그 정신을 발휘할 소녀를 만날 수 있을까.
끝없는 회유와 고문 속에 한 점 꺾어짐 없는 고귀한 정신을 가지고 싸울까 물으면 나는 선뜻 대답할 수 없다.
부요함이 넘치는 지금의 신세대들은 창의성에 돋보이는 줄 몰라도 우직하고 나라 사랑하는 일에 있어서는 유관순 열사를 앞서가지 않을 듯 싶다.
더더욱 그 희생으로 점철된 속에서 지켜나가는 그런 정신을 가지고 있을까 하는 의문을 갖게 한다.
물론 어떤 상황에 처하면 우리에게 그런 저력이 생긴다는 말은 역사가 증명해주었지만 우리는 부요함이란 이 배부름에 젖어 그 절대의 정신에 있어서 훨씬 위축되어 살고 있다.
나란 존재의 가치에 모든 것에 함몰되어 자신이 최고라는 등식 말고는 다른 것을 쉽게 받아들이지 않는다.
다른 사람과 하나가 되어 함께 더 멀리 가는 법에 있어서 상실되어 있다.
힘든 이웃들과 함께 가려고 하는 것은 이것이 이 땅에 사는 사람들의 절대적인 정신이었다.
홍익인간이라는 이 세계를 이미 구축하고 있었다. 수천 년을 흥망성쇠를 겪으면서 놓지 않았던 정신이 있었다.
서로 나라가 갈라져 적으로 싸우는 역사를 보아왔다.
하지만 이 한반도에서 결국은 우리가 하나였다는 사실을 입증해준다.

우리 고유의 언어를 가지고 서로 통했다.
세종대왕이 들어서 우리 모국어를 만들었다.
이전 시대의 총체적인 문화의 매듭의 결실이자 새로운 문화 영향력의 도래였다.
중국 문화에서 벗어나지 못한 의존성은 심했고 한 발자국도 비켜설 수 없다는 이 절대성을 용인하지 않았다.
이것이 한반도를 불운으로 몰고 가는 첩경이었다.
오백 년 사직은 한 순간에 허물어져 돌이킬 수 없는 길로 들어섰다.
나라 잃은 이 분노! 이 경악감은 실로 이 강산을 울음으로 소금을 절여야 했다.
국민 스스로 자각하지 않고선 잃었던 나라를 찾을 수 없다는 이 절박감은 곧바로 고종황제의 죽음으로 촉발되어 민족자결주의 윌슨 미국대통령의 선언이 3,1일 운동이란 거대한 물결을 일으켰다.
이 물결은 총과 칼로 막을 수 없음을 보여주었다.
이제까지 다뤄왔던 강경일변도에서 화해의 제스처를 쓰면서 회유정책으로 바뀌었다.
그러나 감옥에 잡혀 가는 애국인사들의 수난이란 필설로 다 형용할 수 없었다.
어린 유관순열사에게 가해지는 고문의 극치란 인간이기를 다 포기한 짐승으로 돌변해 있었다.
그만큼 야만적인 섬기질을 유감없이 발휘했다.
저들의 잔혹한 고문 속에서 살아 있는 것이 기적일 정도로 치를 떨게 했다.
이것을 뛰어 넘는 유관순 열사를 이제까지 역사의 뒤안길에 내팽개쳐 놓고 있었다.
우리 역사말로 수난의 역사이면서 그런 열사의 일생을 소중하게 간직할 수 없다는 것이 아쉬었다.
오늘 날 이스라엘이 위대함은 작은 역사 하나까지 국가적인 최고의 보고이자 영원히 기억되어야 지표로 삼고 있다는 점이다.
우리는 일등을 최대 지상의 목표로 삼았을 뿐 아니라 일등이 아니면 안 되는 이 당위성이 권력화 되어 이 땅의 역사를 치욕으로 내몰고 있다.
역사를 소중하게 다룰 수 없다면 그것은 역사를 날조하고 왜곡하는 일본인들과 무엇이 다르겠는가.
저들의 역사는 절반이 사기성으로 서술되고 기술되는 민족임을 이제 세계가 인식하고 있었다.
반성이 없는 역사는 사기이자 날조인 것이다.
우리는 이런 면에서 개방되고 홍익인간에서 출발된 그 기치를 살린다면 두려울 것이 무엇이 있겠는가.
유관순 열사는 오늘을 사는 우리에게 보여주는 애국은 무엇인가 행동으로 보여 주었다.
어린 나이의 그 몸으로 독립만세의 거대한 수레바퀴를 돌리는 몸이었다.
그런 몸가짐과 희생정신이 살아 꿈틀거린다면 각자의 서 있는 자리는 값지고 더 소중하다.
역사는 지나가는 옛이야기가 아니라 살아 있는 현실이다.
이런 역사를 떼어 놓고 살고자 하는 시는 사람들은 세상의 방관자이거나 구경꾼 뿐이다.
이들의 부류가 많은 나라는 미래가 어두울 수 밖에 없다.
역사 위에 바로 서 있다는 것은 처음 것을 잃지 않는다는 자각이자 반성이다.
이 처음 잃고 사는 개인이나 국가는 불행자체이다.
현대문명은 이방인으로 살아가게 만들었다.
이것을 방관하고 방람하고 있다.부의 권력을 가진 이 나라 저 나라로 이동하면서 정체성도 없이 떠돌며 지구촌이 한 동네라면서 주장하고 있지만 질서라는 것은 존재 한다.
이 질서가 허물어진다는 것은 위험의 경고음이 울리는 것이다.
보아라 전세계는 위험의 경고음이 울려 퍼지고 있다.
손가락 하나로 전세계를 휘젓고 다니고 있다.
이것이 인생의 전부로 여길지 몰라도 정체성이 결여된 존재는 존재할 이유가 없다.
정체성이 없기에 방관자로 떠돌고 있다.
죽음 앞에서 당당하게 살았던 사람들을 보아라.
한결같이 자신의 철학의 흔들림 없이 밀고 갔던 사람들이다.
우리는 유관순을 열사로 지칭해서 잔다르크라 부르는 이유는 여기에 있다.
대중을 이끌고 나가는 선동자가 아니라 죽음으로 모든 것을 감당했기 때문이었다.
최후 순간까지 대한독립만세를 부르면서 당당하게 길을 걸었기 때문이었다

2015년5월 21일 에벤에셀 서재에서

이청리 시집

2015년 6월 15일 초판인쇄

지은이 이청리
펴낸이 고양금
펴낸곳 도서출판 이룸신서
등록번호 616-92-52521
주　　소 제주특별자치도 제주시 연동 2313-4
전　　화 010-5551-6257
팩　　스 (064)742-4027
이 메 일 hansrmoney@hanmail.net